So wird es gemacht:

Öffne das mini LÜK®-Kontrollgerät und lege die Plättchen in den unbedruckten Deckel!
Jetzt kannst du auf den Plättchen und auf dem Geräteboden die Zahlen 1 bis 12 sehen.

Beispiel: Seite 2 **Was ist denn das?**
Nimm das Plättchen 1 und sieh dir Aufgabe 1 an!
Wo findest du das Bild vom Haus?
Es ist das Bild mit der Lösungszahl 11.
Das ist auch die Feldzahl im Kontrollgerät, auf die du das Plättchen legen musst. Lege also das Plättchen 1 auf das Feld 11 im Geräteboden!
Die Zahl **1** muss nach oben zeigen.

1	2	3	4	5	6
7	8	9	10	11	12

So musst du weiterarbeiten, bis alle Plättchen im Geräteboden liegen.

Schließe dann das Gerät und drehe es um!
Öffne es von der Rückseite! Wenn du das bei der Übungsreihe abgebildete Kontrollmuster siehst, hast du alle Aufgaben richtig gelöst. Passen einige Plättchen nicht in das Muster, dann hast du dort Fehler gemacht. Drehe diese Plättchen da, wo sie liegen, um, schließe das Gerät, drehe es um und öffne es wieder! Jetzt kannst du sehen, welche Aufgaben du falsch gelöst hast. Nimm diese Plättchen heraus und suche die richtigen Ergebnisse! Kontrolliere dann noch einmal! Stimmt jetzt das Muster?

Das System ist für alle Übungen dasselbe: Die roten Aufgabennummern im Heft entsprechen immer den mini LÜK-Plättchen aus dem Kontrollgerät. Die schwarzen Zahlen hinter den Lösungswörtern oder -bildern sagen dir, auf welche Felder des Kontrollgerätes du die Plättchen legen musst.

Und nun viel Spaß!

Was ist denn das?

Finde das passende Bild!

1 Das ist ein  Haus.

2 Das ist ein 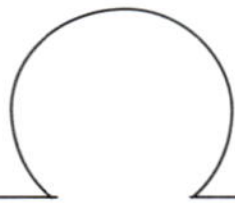 Ball.

3 Das ist ein  Glas.

4 Das ist ein 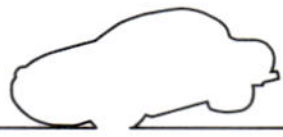 Auto.

5 Das ist ein  Pilz.

6 Das ist eine  Dose.

7 Das ist eine  Ente.

8 Das ist ein  Herz.

9 Das ist ein 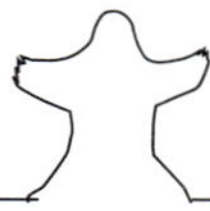 Fell.

10 Das ist ein  Affe.

11 Das ist ein  Sofa.

12 Das ist ein 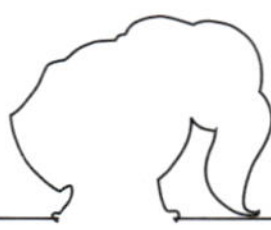 Helm.

10

5

4

11

3

1

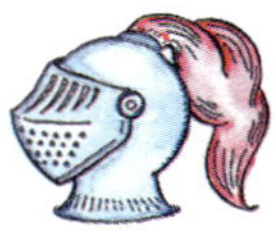
2

12

8

6

7

9

Und was ist das hier?

Finde das passende Bild!

1 Das ist ein  Blatt.

2 Das ist ein 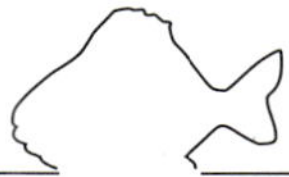 Fisch.

3 Das ist eine 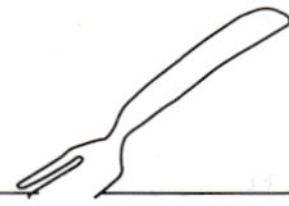 Gabel.

4 Das ist ein 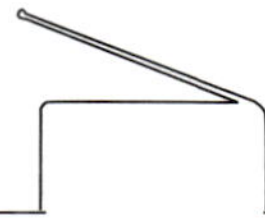 Radio.

5 Das ist ein  Nagel.

6 Das ist eine  Lampe.

7 Das ist ein 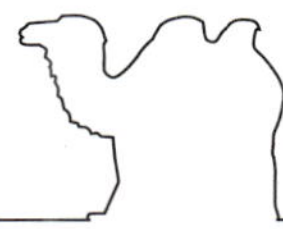 Kamel.

8 Das ist eine 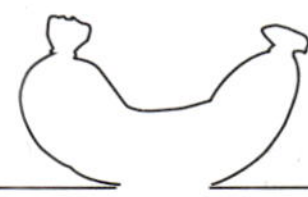 Wurst.

9 Das ist ein 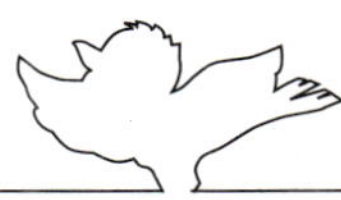 Vogel.

10 Das ist eine  Wolke.

11 Das ist ein 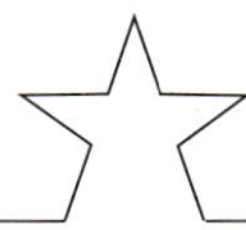 Stern.

12 Das ist ein  Paket.

 7  5

 4  3

 8  9

 12 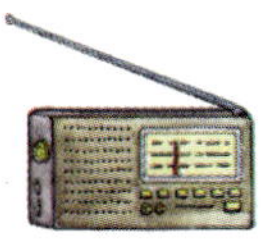 10

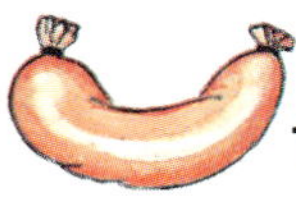 11  1

 6 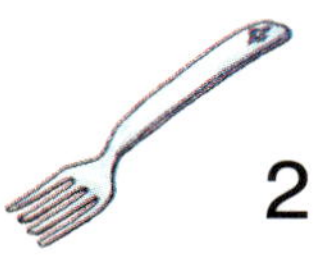 2

Silbenrätsel

Setze richtig zusammen!

1

Ku | tel 6

2

Tul | kus 12

3

Man | pe 1

4
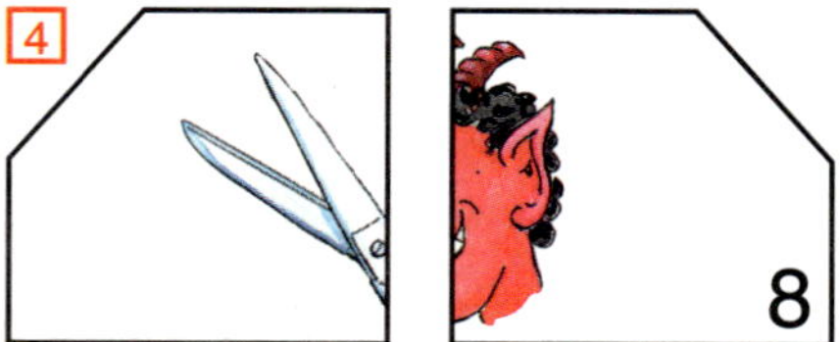
Sche | fel 8

5

Zir | gel 3

6

Teu | re 4

7

Mäd | te 9

8

Kür | chen 10

9

Vo | ke 5

10

Bürs | bis 7

11

Gur | te 2

12

Tor | gel 11

Und wie ist es hier?

Ordne die Silben richtig zu!

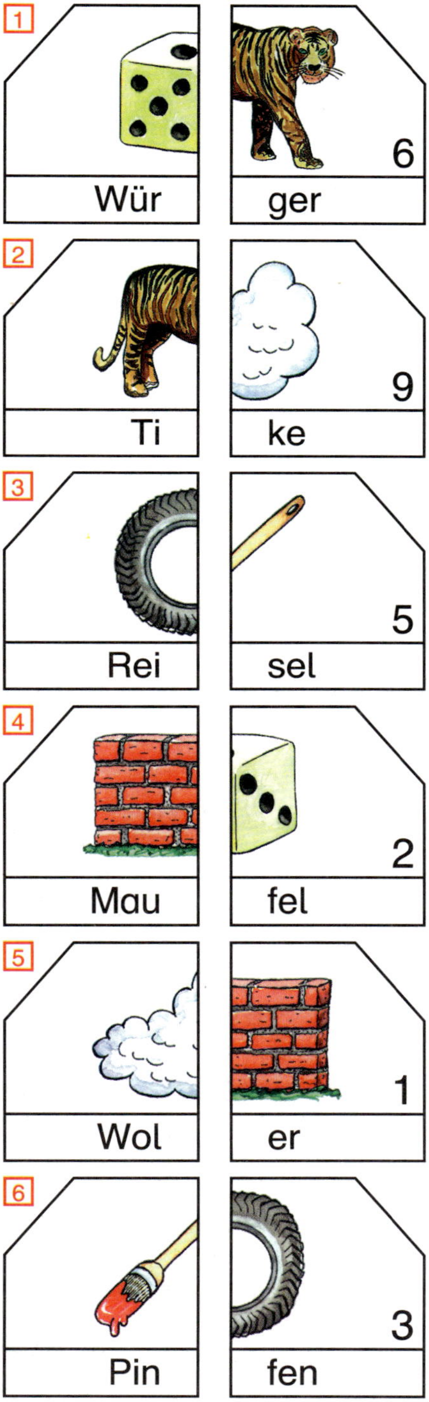

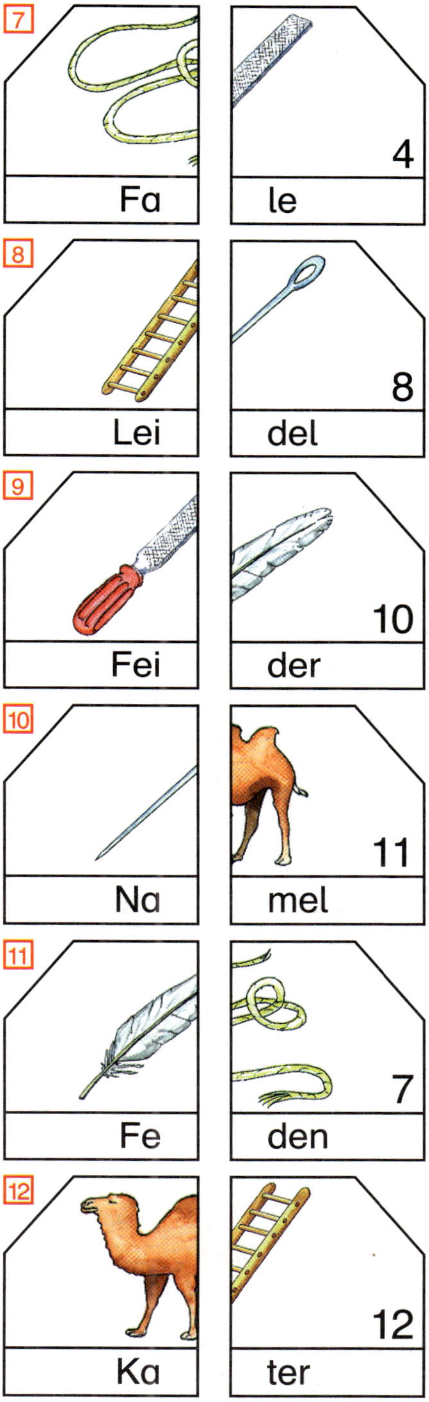

Das alles sehe ich!

Finde die Zuordnung!

1
2

Ich sehe einen 

und ein .

3
4

Ich sehe eine  

und einen .

5
6

Ich sehe einen 

und einen .

7
8

Ich sehe ein 

und einen .

9
10

Ich sehe einen 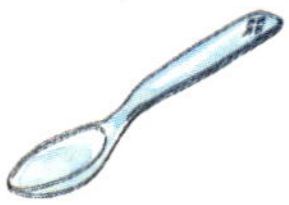

und einen .

11
12

Ich sehe einen 

und eine .

Löffel	1
Apfel	11
Schiff	12
Baum	7
Schaufel	8
Vogel	2
Anker	4
Besen	6
Leiter	3
Messer	10
Teller	5
Käfig	9

Und was siehst du?

Finde das Wort zum Bild!

Haus	5
Ampel	2
Blume	12
Angel	6
Kirche	7
Hammer	11
Fisch	3
Bibel	4
Nagel	1
Zaun	9
Vase	8
Bus	10

1
2

Du siehst eine 

und eine .

3
4

Du siehst eine 

und eine .

5
6

Du siehst eine 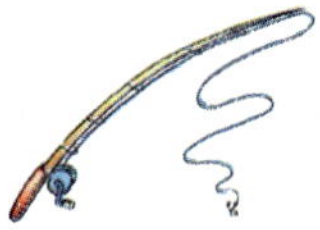

und einen .

7
8

Du siehst eine 

und einen .

9
10

Du siehst einen 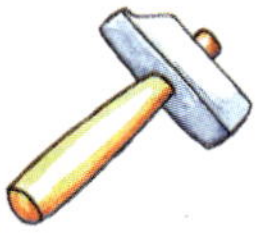

und einen .

11
12

Du siehst ein 

und einen .

Wortanfänge

Was gehört wozu?

1	Lö
2	Na
3	So
4	Ze
5	Va
6	No
7	Am
8	Ta
9	Ho
10	Au
11	Pa
12	Vo

Vom Bild zum Wortanfang

Ordne die Bilder zu!

1

2

3

4

5

6

7

8

9

10

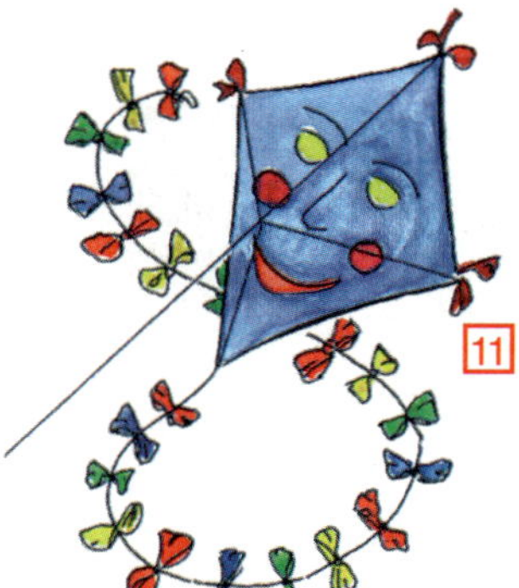

11

12

Dra	7
Lei	1
Wol	11
Blu	4
Ker	8
Gei	6
Pal	10
Mas	5
Flö	9
Bir	12
Kro	3
Lam	2

Erste Lesewörter

Für welches Wort gibt es kein Bild?

1	Mund 5	Mond 2	Maske 7		
2	Helm 12	Hemd 10	Herz 1		
3	Ente 5	Esel 10	Engel 4		
4	Glocke 11	Glas 7	Gabel 1		
5	Birne 6	Ball 10	Blatt 4		
6	Igel 8	Iglu 3	Iltis 5		
7	Lampe 8	Löffel 3	Löwe 1		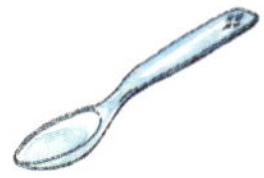
8	Orgel 6	Ohr 9	Obst 2	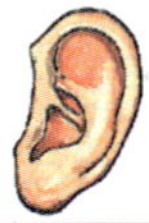	
9	Kette 12	Kleid 3	Korb 11		
10	Faust 2	Fuchs 8	Foto 9	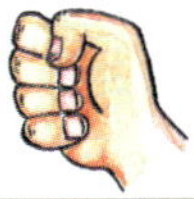	
11	Angel 7	Ampel 9	Anker 12	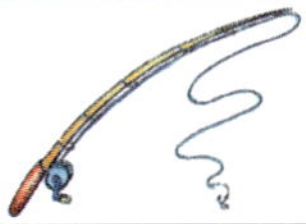	
12	Dach 11	Dusche 4	Dose 6		

Hier ist es umgekehrt

Für welches Bild fehlt das Wort?

1	 10	 6	 11	Fisch	Schlange
2	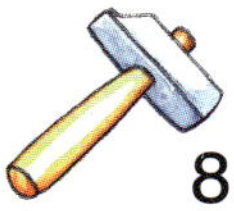 8	 4	 2	Zange	Feile
3	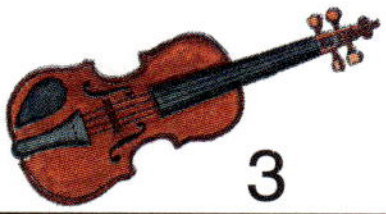 3	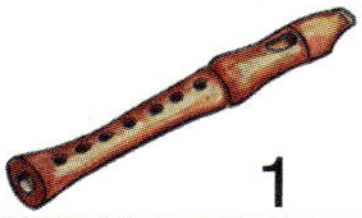 1	 10	Geige	Flöte
4	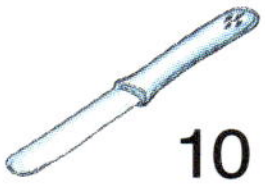 10	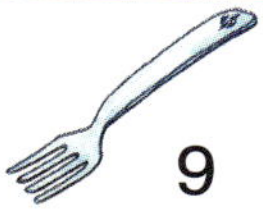 9	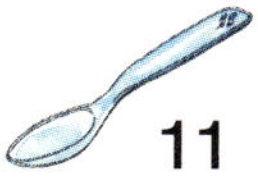 11	Messer	Gabel
5	 12	 5	 4	Auto	Schiff
6	 1	 4	 2	Tisch	Bett
7	 7	 5	 9	Kirsche	Birne
8	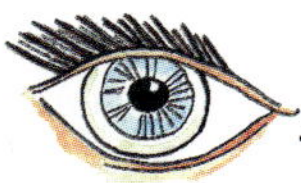 12	 2	 11	Auge	Nase
9	 6	 3	 9	Blume	Pilz
10	 12	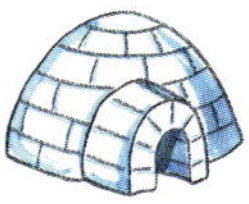 7	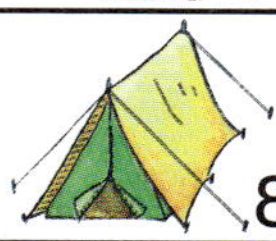 8	Iglu	Zelt
11	 1	 3	 6	Lampe	Kerze
12	 5	 8	 7	Hose	Kleid

Wörterwerkstatt

Setze die Wörter richtig zusammen!

Nr.	Buchstaben	Bild	Zahl
1	F r a i b k		3
2	l e g ie F		6
3	F l a sch e		4
4	F r e k e l		2
5	ck a l F e		12
6	b F e a r		1
7	i r e K ch		5
8	ä f i K g		9
9	o e K r n		11
10	a e l K m		7
11	k u a s K t		8
12	b ü i K r s		10

Stelle das Wort zusammen!

Wo ist das Bild zum Wort?

1	R k e a t e		7
2	o a i R d		1
3	R g n e e	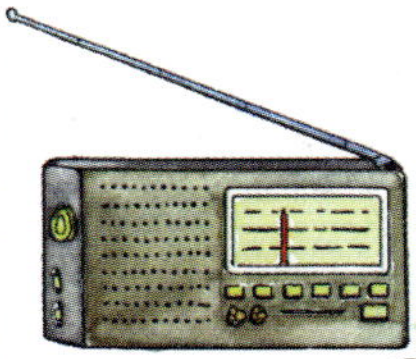	3
4	e l a g R		4
5	R p au e		12
6	R f ei e n		11
7	a e sch T		8
8	m o t a e T		5
9	eu l f e T		2
10	a l e T f		9
11	T e p l e m		10
12	o t e T r		6

Anlaute

Setze aus den Anfangsbuchstaben der Bilder ein Wort zusammen!

1	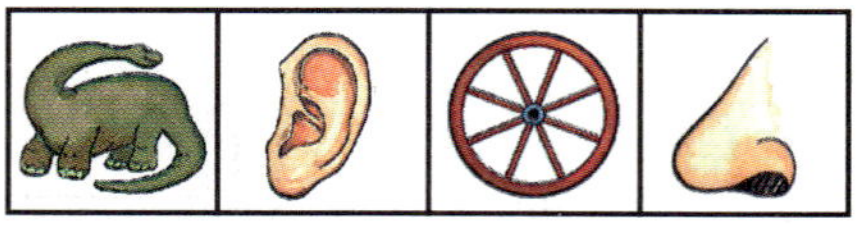	B	A	L	L	8
2		D	O	S	E	9
3		E	N	T	E	11
4	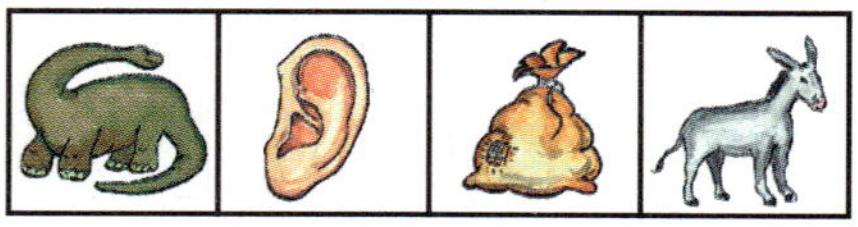	D	O	R	N	10
5		H	A	N	D	12
6	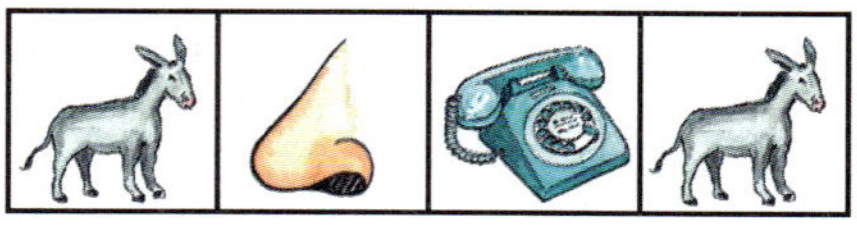	E	R	D	E	6
7	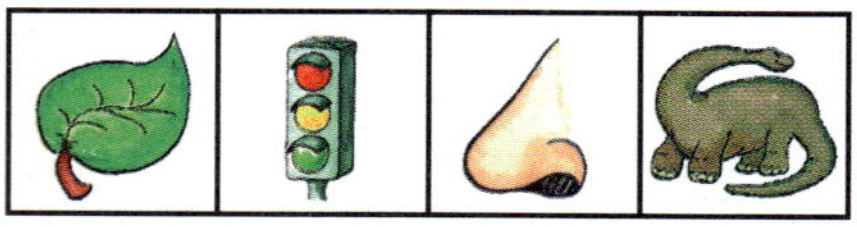	B	A	N	K	2
8	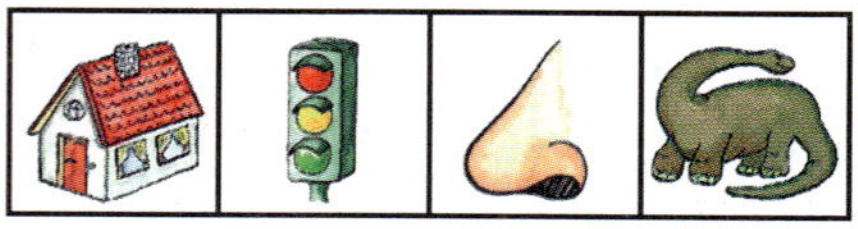	D	O	R	F	5
9		E	N	D	E	4
10		H	A	L	S	7
11	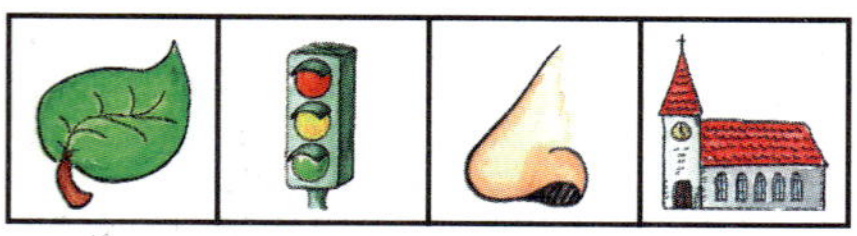	B	A	N	D	3
12	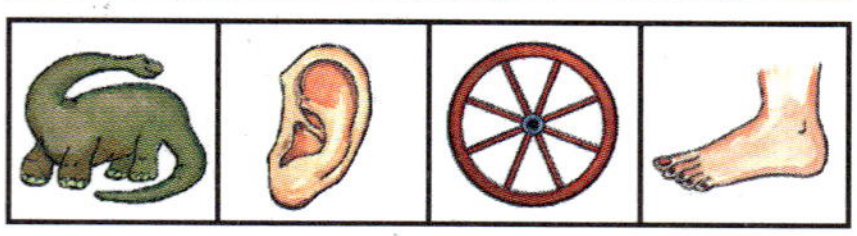	H	A	L	M	1

Zur Festigung

Das ist jetzt nicht mehr schwierig!

1	K	I	N	O	12
2	N	A	M	E	4
3	R	O	S	E	7
4	T	U	B	E	9
5	N	A	S	E	3
6	K	I	N	D	10
7	R	I	N	G	2
8	T	U	R	M	1
9	N	O	T	E	5
10	R	I	N	D	11
11	K	I	N	N	8
12	T	A	N	K	6

Hier wird gereimt

Suche das Wort zum Bild!

Der 1 

fliegt zum gelben 2 ,

den fetten 3 ,

den frisst die 4 .

Das alte 5 

steht noch im 6 ,

die 7 

spielen mit dem 8 .

Die 9 

kommt meistens

von der 10 ,

an diesem 11 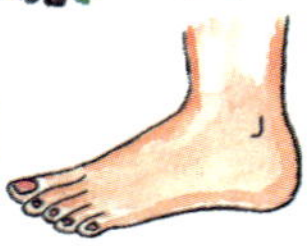

fehlt noch der 12 .

Ball	5
Fuß	3
Stall	6
Schuh	12
Haus	11
Speck	10
Milch	9
Kinder	2
Vogel	1
Kuh	7
Pferd	4
Maus	8

Klitzekleine Gedichte

Wo ist das Wort zum Bild?

Blüte	6
Auto	11
Löffel	7
Hüte	3
Schüssel	5
Dame	8
Ecke	4
Rüssel	10
Decke	9
Hund	1
Elefant	12
Schmetterling	2

Der 1 
hat einen 2 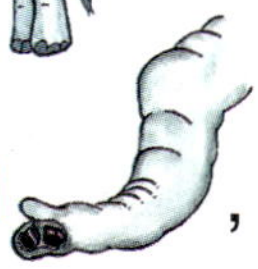,
der 3 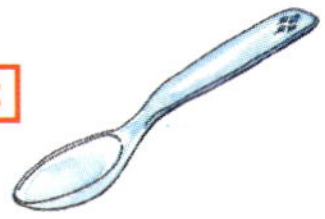
liegt noch in der 4 .

Der kleine 5 
schläft auf der 6 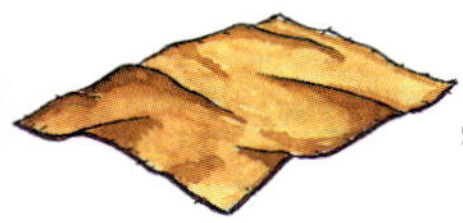,
das 7  fährt
gleich um die 8 .

Der 9 
sitzt auf der 10 ,
die feine 11 
trägt nur 12 .

Bilderrätsel

Ersetze den durchgestrichenen durch den neuen Buchstaben!

1 ~~V~~  N	2 ~~B~~  R	3 ~~H~~  M
4 ~~B~~  F	5 ~~F~~  L	6 ~~M~~ 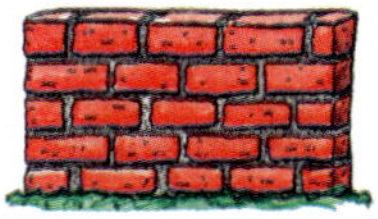 B
7 ~~F~~  T	8 ~~W~~ 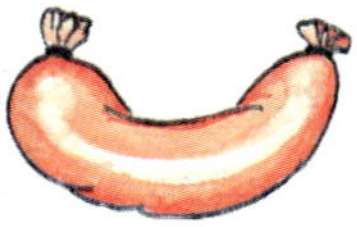 D	9 ~~L~~  R
10 ~~Z~~  W	11 ~~D~~  H	12 ~~T~~  K

Mond	5
Maus	1
Reiter	8
Karte	2
Leben	6
Leder	7
Welt	12
Wiese	11
Durst	10
Dame	9
Sattel	3
Keller	9
Fett	11
Faden	8
Hand	4
Hose	2
Rampe	12
Raum	4
Tisch	5
Turm	7
Beule	1
Bauer	3
Nase	6
Name	10

Hier geht es weiter!

Übe das Gleiche noch einmal!

Mund	7
Hafen	10
Band	9
Bach	8
Wanne	11
Wange	10
Ziegel	12
Ziege	11
Ding	1
Dieb	7
Tante	8
Tatze	5
Lamm	12
Land	6
Bad	2
Radio	1
Feder	5
Suppe	3
Kabel	4
Kamel	2
Magen	9
Mann	4
Nase	6
Name	3

Lies genau!

Was passt zusammen?

1		vier blaue Kugeln	11
2	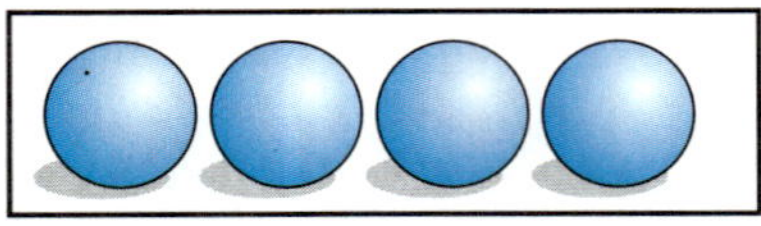	vier grüne Vasen	4
3		zwei gelbe Hüte	3
4		drei gelbe Kugeln	12
5		drei rote Fahnen	8
6	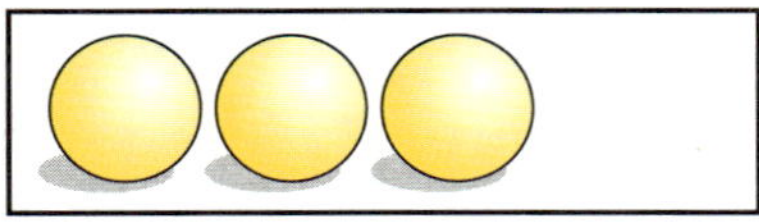	vier rote Hüte	2
7		vier gelbe Fahnen	7
8		drei grüne Hüte	5
9		zwei grüne Kugeln	1
10	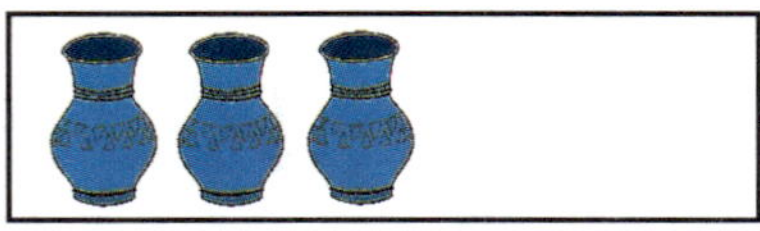	zwei rote Vasen	10
11	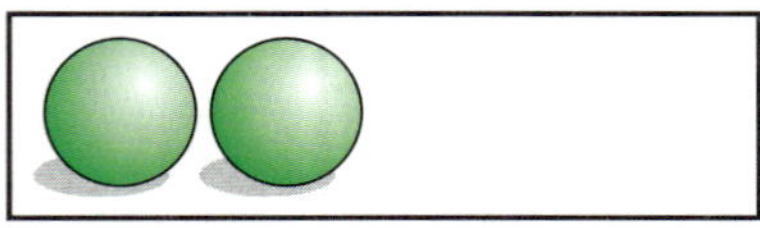	zwei blaue Fahnen	6
12	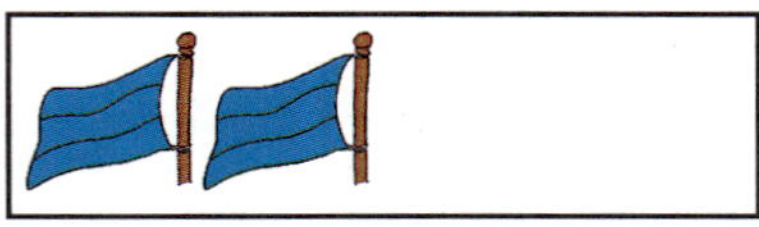	drei blaue Vasen	9

Das Gleiche, nur umgekehrt!

Wie ist hier die Zuordnung?

1	drei gelbe Sterne		12
2	zwei rote Masken		7
3	eine grüne Maske		2
4	ein gelber Drachen		10
5	drei grüne Sterne		9
6	drei blaue Drachen		4
7	zwei gelbe Hosen		5
8	ein roter Stern		6
9	drei rote Hosen		11
10	drei blaue Masken	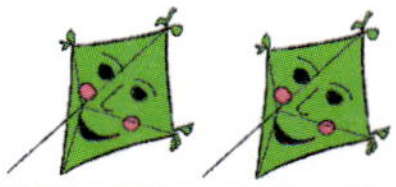	3
11	eine blaue Hose	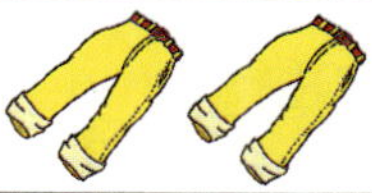	8
12	zwei grüne Drachen		1

Wie ist das Ding?

Welches Wort passt am besten?

1	Der ___  ___ ist	süß 8	leer 5	spitz 6
2	Die ___ 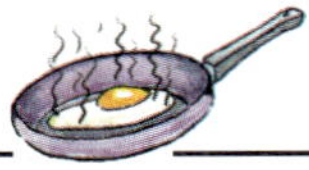 ___ ist	heiß 2	hell 3	laut 10
3	Der ___  ___ ist	stark 1	bequem 9	fett 12
4	Die ___  ___ ist	giftig 4	feucht 11	groß 5
5	Das ___  ___ ist	hübsch 3	sauer 8	steil 7
6	Der ___ 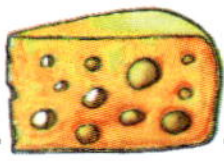 ___ ist	bequem 6	löcherig 1	braun 10
7	Das ___  ___ ist	schmal 12	fett 11	hübsch 2
8	Die ___  ___ ist	nass 8	spitz 4	trocken 9
9	Der ___  ___ ist	dumm 5	stachelig 7	steil 10
10	Die ___  ___ ist	salzig 6	laut 12	löcherig 3
11	Der ___  ___ ist	offen 1	heiß 2	stachelig 4
12	Die ___  ___ ist	leer 7	groß 9	dunkel 11

Lauter Eigenschaften

Ordne zu!

1	Der 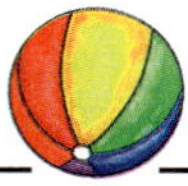 ist	lang 1	rund 2	spitz 7
2	Das  ist	offen 10	hell 12	scharf 6
3	Die  ist	saftig 4	wertvoll 5	kurz 3
4	Der  ist	gefährlich 8	dick 7	eckig 1
5	Die  ist	warm 10	dünn 12	saftig 9
6	Der 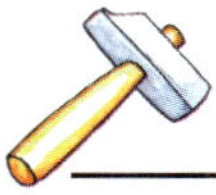 ist	rund 11	schwer 5	hohl 3
7	Das  ist	voll 8	lang 7	heiß 2
8	Die  ist	hell 12	eckig 9	kühl 6
9	Die  ist	weich 4	süß 11	wertvoll 3
10	Der  ist	blond 2	gefährlich 8	warm 1
11	Das  ist	voll 9	scharf 6	breit 10
12	Die  ist	schwer 4	locker 5	leicht 11

Wer macht was?

Finde die richtige Zuordnung!

1 Ali  einen  .

2 Nina  die  .

3 Lukas 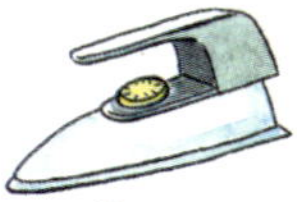 sein  .

4 Tim 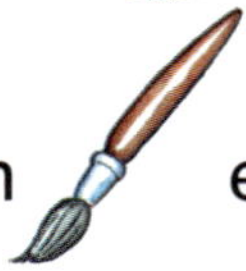 ein  .

5 Alex 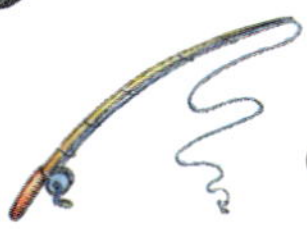 einen  .

6 Sandra  auf dem  .

7 Michi  ein  .

8 Susi  ihre  .

9 David 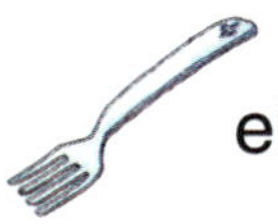 eine 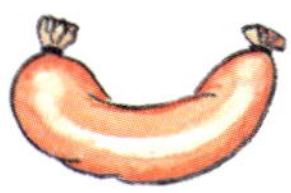 .

10 Peter  ein 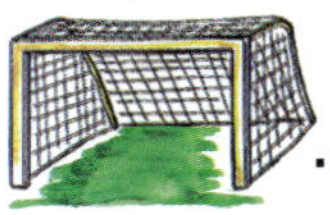 .

11 Tina  hinter dem  .

12 Uli  zur  .

angelt, Fisch	5
bügelt, Hemd	11
wäscht, Hosen	2
sitzt, Sofa	7
fährt, Schule	1
schreibt, Brief	9
isst, Wurst	12
malt, Bild	10
zeltet, Haus	6
gießt, Blumen	8
schießt, Tor	3
liest, Buch	4